AF258116

LA
DÉPUTATION DE LA GUYANE

ET LA

VÉRITABLE QUESTION GUYANAISE

PAR

Gustave FRANCONIE

DÉPUTÉ

PARIS

IMPRIMERIE MODERNE, WATTIER DIRECTEUR

61, RUE JEAN-JACQUES-ROUSSEAU, 61

1879

LA
DÉPUTATION DE LA GUYANE

ET LA

VÉRITABLE QUESTION GUYANAISE

PAR

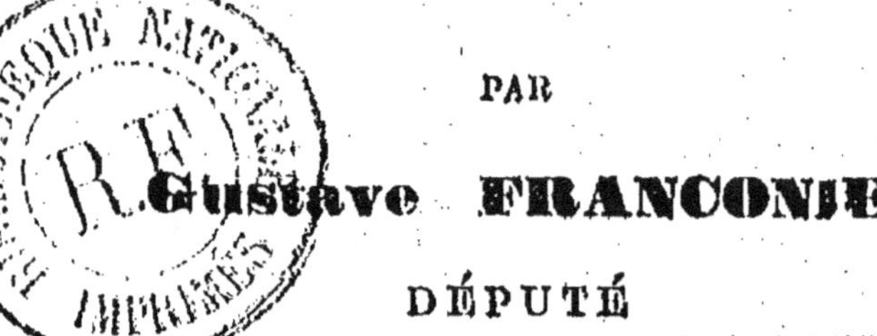

Gustave **FRANCONIE**

DÉPUTÉ

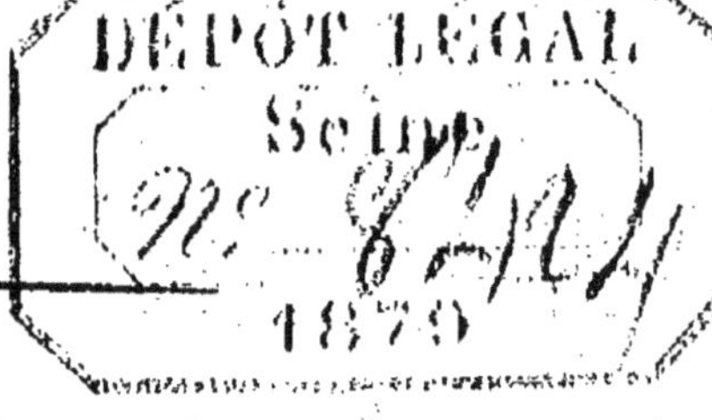

PARIS

IMPRIMERIE MODERNE, WATTIER DIRECTEUR

61, RUE JEAN-JACQUES-ROUSSEAU, 61

—

1879

LA
DÉPUTATION DE LA GUYANE

ET LA

VÉRITABLE QUESTION GUYANAISE

Chers concitoyens et amis,

Depuis le jour où vous m'avez appelé à vous représenter auprès du gouvernement métropolitain, je n'ai pas cessé un seul instant de réfléchir au mandat que vous m'avez conféré, de me demander qu'elles en étaient véritablement la signification et l'étendue, de rechercher qu'elles obligations, quel rôle il m'imposait, dans la situation où se trouve actuellement notre pays.

Ma mission est-elle seulement d'aller siéger à la Chambre des députés, d'appuyer là de mon vote les questions qui pourront par hasard vous intéresser? Est-elle seulement de réclamer du Ministère de la marine les quelques libertés qu'il vous reste à obtenir pour compléter celles que vous avez déjà? Est-elle seulement de recommander, à l'occasion, les vœux plus ou moins acceptables de vos administrateurs ou représentants locaux? — Est-ce là tout ce que vous attendez de la restitution qui vous a été faite, il y a six mois, de la moitié de votre représentation au Parlement?

Je ne le crois pas. Je ne crois pas qu'à ces quelques mesquines et passagères satisfactions d'actualité seules vous borniez vos aspirations.

Suivant moi, vous devez avoir compris d'une façon infiniment plus large le bénéfice à retirer des franchises poli-

tiques, conseil général, députation, etc.,
dont vous avez été naguère dotés. — Vous
devez en attendre surtout une régénération à peu près complète de notre pauvre
pays ; son développement le plus large,
par toute une série de mesures nouvelles ;
sa colonisation même, entraînant après
elle la plus grande somme de bien-être
matériel et moral, dans le présent si on
peut l'obtenir, dans l'avenir s'il ne faut
l'espérer que plus tard.

Et si vous ne pouvez justement demander à votre député de vous procurer
tout cela à lui tout seul, du moins entre-
t-il dans son rôle de vous aider de toutes
les manières à le poursuivre, de vous in-
diquer à tout moment les moyens qu'il
croit les plus propres à vous y conduire.

Recherchons donc ensemble si vous le
voulez bien, en quoi consisterait une vraie
régénération de la Guyane, et, quels
seraient les moyens d'y atteindre.

La Guyane, chers concitoyens, est une des plus belles possessions de la France. D'une étendue considérable, d'une admirable fertilité, sillonnée de tous côtés par d'innombrables et immenses cours d'eau, elle renferme dans son sein, non-seulement de nombreuses sources de richesses immédiatement exploitables, mais encore tous les éléments de la plus grande fortune industrielle, agricole, commerciale future. — Comment le nier en présence de nos forêts vierges abritant les essences les plus précieuses, aussi bien pour la construction que pour l'ébénisterie ? Comment le nier en présence des incalculables quantités d'or natif que que produisent chaque année les mines dont chaque jour amène la découverte nouvelle? Comment le nier au souvenir de l'ancienne prospérité agricole relative dont jouissait autrefois notre pays.

Or, malgré toutes ces ressources, la

Guyane est restée jusqu'ici ce que vous savez : c'est-à-dire un pays à demi-sauvage, pauvre, sans population, sans agriculture, sans industrie ; en un mot un pays inutile en quelque sorte à la plus grande masse de ses habitants, inutile à la France, sa métropole, pour laquelle il pourrait si bien être une source de profit et un débouché commercial.

Il y a là évidemment une situation anormale, qui mérite avant tout qu'on s'en préoccupe ; un mal auquel il conviendrait de remédier.

Quel devrait être le remède ? le voici.

Ce serait que, dans cette contrée qui comporte au moins deux millions d'habitants et n'en contient réellement que vingt mille, on pût attirer d'immenses flots de population. Ce serait que, par des garanties complètes de liberté d'action et des primes d'encouragement de toutes natures, on att chât cette p pulation au sol. Ce serait que, par de grands travaux de défrichement et de canalisation, on rendit le climat, de malsain qu'il est sain et supportable. Ce serait que, par l'ouverture de nombreuses voies de communication, on rendit la circulation rapide et facile dans toute la colonie. Ce serait que, par tous ces moyens on arrivât, sinon à relever immédiatement l'agriculture, cette première et inépuisable source de bien-être des nations, du moins a en préparer et faciliter la résurrection, le jour plus ou moins prochain où l'industrie aurifère, ressource fugitive, viendrait à disparaître, ne laissant après elle que ruines et désolation.

Voilà, chers concitoyens, d'une façon générale, en quoi consisterait la régénération de la Guyane.

Après cet exposé sommaire, ai-je besoin de beaucoup insister pour vous faire comprendre comment, de la situation nouvelle ainsi créée, surgiraient pour tous et pour chacun les plus grands bienfaits ; comment, de pays mourant et inutile, la Guyanne deviendrait un centre prospère et utile ; comment, ce premier pas fait, il s'ensuivrait nécessairement et peu à peu tout ce qui constitue la véritable civilisation, toutes les facilités et agréments de l'existence industrielle ou collective ? — Je ne le pense pas.

Toute la question maintenant se réduit à savoir s'il existe quelque moyen, raisonnable, juste, pratique immédiatement applicable d'obtenir tout cela. — Or, citoyens, je l'affirme, ce moyen existe. C'est en vos propres mains qu'il réside, et j'ajoute que jamais ne se sont présentées circonstances plus favorables d'en user.

Quel est-il ? C'est que la Guyane se procure tout d'abord des ressources financières. C'est que, au lieu d'un budget de quinze à seize cent mille francs, insuffisant même pour ses besoins actuels, elle s'en assure immédiatement un double, triple, quadruple, s'il le faut.

En effet, ce budget une fois constitué, rien ne saura vous empêcher d'en user pour attirer à vous et vous attacher librement une population capable de s'acclimater et de vous aider à relever et à développer notre pays. — Rien ne vous empêchera d'en user pour accomplir, avec l'aide d'une administration éclairée et libérale que ne vous refusera plus alors le pouvoir central, les grands travaux, les grands progrès que j'énumerais tout à l'heure.

Mais ce budget, où le prendre?

Citoyens, écoutez bien ceci.

A défaut d'autre chose, il existe à la Guyane des mines aurifères dont les produits, vous le savez, sont considérables. C'est à l'industrie aurifère qu'il faut vous adresser.

En principe et en droit absolu, vous ne l'ignorez pas, ces mines sont votre propriété collective. L'Etat seul devrait pouvoir en tirer parti pour votre utilité commune. Seulement la saine économie politique interdit à l'Etat toute entreprise industrielle ou commerciale. C'est pour cela que, par une concession toute bienveillante, l'exploitation en est laissée à des particuliers, moyennant redevance. Mais votre droit de propriété n'en reste pas moins absolu et incontestable.

Or, depuis vingt ou vingt-cinq ans que ces mines d'or ont été découvertes et s'exploitent à la Guyane, à quel spectacle avons-nous assisté jusqu'ici ?

Tandis que les concessionnaires de ces mines, en quelque sorte vos simples locataires, en retirent des fortunes colossales, et cela souvent dans l'espace de quelques mois, vous, les misérables propriétaires n'en avez qu'un dérisoire bénéfice. Tandis qu'ils en retirent des centaines de mille francs et des millions, à peine, par une dérisoire redevance de permis de recherche et d'exploitation, un dérisoire droit de sortie sur l'or natif, en avez-vous ce qu'il faut pour défrayer vos moindres travaux de voirie, en y ajoutant d'ailleurs le produit des autres impôts, dont vous êtes, vous, accablés. Tandis que de votre propriété à vous, ils peuvent user et abuser, jusqu'à venir ici en faire la cession à des compagnies métropolitaines ou étrangères, qui tôt ou tard emporteront tout sans vous rien laisser, vous, plongés dans un déplorable *statu quo*, manquez absolument des premiers moyens de vous élever dans le présent, de vous garantir un avenir.

Je vous le demande, n'y a-t-il pas là quelque chose de monstrueusement choquant. N'est-il pas temps pour vous de faire valoir votre droit absolu à une part plus large des produits de vos mines. Et qaund vous réclameriez la suppression de la redevance d'exploration, injuste puisqu'elle frappe à la fois d'avance et ceux qui doivent être favorisés du sort et ceux qui doivent perdre leurs peines ; quand vous réclameriez l'élévation du droit de sortie de *cinq* à *vingt* pour cent, et quadrupleriez ainsi votre budget, laissant encore aux concessionnaires des mines *quatre-vingts* pour cent de leur entreprise, y aurait-il là quoi que ce soit de déraisonnable ou de contraire à l'équité ?

Je ne crois pas, chers concitoyens, qu'aucune voix à la Guyane ose s'élever pour l'affirmer.

Et, voyez quelles conséquences.

Cent fois on vous a promis de vous exonérer de certaines lourdes charges qui pèsent sur vous, entre autres l'impôt personnel. Cet accroissement de ressourfces, ne frappant après tout qu'une industrie éminemment et incontestablement prospère, ne serait-il pas précisément le véritable moyen d'arriver à cette exonération, dont on vous berce depuis si longtemps sans vous la procurer jamais?

Voilà, mes chers amis, croyez-moi, la vraie question guyanaise, et soyez persuadés que tout ce que l'on pourra imaginer et vous dire en dehors d'elle, ne sera que des moyens d'en détourner votre attention.

Reste maintenant une dernière difficulté. A qui allez-vous bien vous adresser pour faire valoir votre droit, et prendre l'initiative d'une nouvelle réglementation de l'industrie aurifère dans l'intérêt du pays.

Sera-ce à votre député? Hélas! il n'a qu'un regret, c'est qu'une pareille initiative soit hors de ses attributions.

Sera-ce au pouvoir métropolitain? Ce

pouvoir n'a plus à intervenir en rien dans l'administration de la Guyane ; maintenant que vous avez une représentation locale ; il ne peut plus être appelé qu'à déférer aux vœux de cette représentation.

Sera-ce à l'administration locale ? Aux initiatives prises par elle tous ces temps-ci il est facile de voir combien elle serait éloignée de prendre celle-ci.

Sera-ce enfin à votre conseil général ? De la façon dont il est composé y a-t-il quelque chance qu'il s'y décide, alors même que vous l'y inviteriez.

Et pourtant lui seul aujourd'hui pourrait faire la question sienne et la mener à bonne fin.

Comment donc sortir de cette impasse ?

Citoyens, votre conseil général actuel n'est pas éternel. Un jour viendra où vous aurez à le renouveler. Ce sera à vous à le composer d'autre sorte ; à n'y envoyer que des hommes capables de comprendre

la vraie question cayennaise, de la poursuivre comme elle doit être poursuivie ;
des hommes, en un mot, animés vraiment
du désir de servir l'intérêt général du
pays, avant tout autre intérêt.

Chers concitoyens et amis, j'ai dit, à
vous maintenant de comprendre, et de
tâcher d'être vous-mêmes, avec ceux qui
vous estiment et vous veulent du bien,
les instruments de votre émancipation.

Quant à la question politique, je n'ai
pas à y revenir. Vous savez quelles sont
à ce sujet mes vues et mes intentions. Je
sais aussi ce que vous désirez, ce que
vous demandez avec raison : le change-
ment immédiat de votre personnel admi-
nistratif à tous les degrés de l'échelle.
Mon premier soin sera d'obtenir du ministère, en m'inspirant de vos vœux, cette
légitime réparation ; je n'y manquerai pas.

Salut et fraternité.

GUSTAVE FRANCONIE.